Ce Journal Appartient à:

Nom : ______________________________

Adresse : ___________________________

Téléphone : _________________________

MOIS : ....

	DATE	NUMERO DE PIECES	DESIGNATION	CAISSE	
				RECETTES	DEPENSES
1					
2					
3					
4					
5					
6					
7					
8					
9					
10					
11					
12					
13					
14					
15					
16					
17					
18					
19					
20					
21					
22					
23					
24					
25					
26					
27					
28					
29					
30					
31					
			TOTAUX		
			ANCIEN SOLDE		
			NOUVEAU SOLDE		

MOIS : ....

	DATE	NUMERO DE PIECES	DESIGNATION	CAISSE	
				RECETTES	DEPENSES
1					
2					
3					
4					
5					
6					
7					
8					
9					
10					
11					
12					
13					
14					
15					
16					
17					
18					
19					
20					
21					
22					
23					
24					
25					
26					
27					
28					
29					
30					
31					
			TOTAUX		
			ANCIEN SOLDE		
			NOUVEAU SOLDE		

MOIS : ....

	DATE	NUMERO DE PIECES	DESIGNATION	CAISSE	
				RECETTES	DEPENSES
1					
2					
3					
4					
5					
6					
7					
8					
9					
10					
11					
12					
13					
14					
15					
16					
17					
18					
19					
20					
21					
22					
23					
24					
25					
26					
27					
28					
29					
30					
31					
			TOTAUX		
			ANCIEN SOLDE		
			NOUVEAU SOLDE		

MOIS : ....

	DATE	NUMERO DE PIECES	DESIGNATION	CAISSE	
				RECETTES	DEPENSES
1					
2					
3					
4					
5					
6					
7					
8					
9					
10					
11					
12					
13					
14					
15					
16					
17					
18					
19					
20					
21					
22					
23					
24					
25					
26					
27					
28					
29					
30					
31					
			TOTAUX		
			ANCIEN SOLDE		
			NOUVEAU SOLDE		

MOIS : ....

	DATE	NUMERO DE PIECES	DESIGNATION	CAISSE	
				RECETTES	DEPENSES
1					
2					
3					
4					
5					
6					
7					
8					
9					
10					
11					
12					
13					
14					
15					
16					
17					
18					
19					
20					
21					
22					
23					
24					
25					
26					
27					
28					
29					
30					
31					
			TOTAUX		
			ANCIEN SOLDE		
			NOUVEAU SOLDE		

MOIS : ....

	DATE	NUMERO DE PIECES	DESIGNATION	CAISSE	
				RECETTES	DEPENSES
1					
2					
3					
4					
5					
6					
7					
8					
9					
10					
11					
12					
13					
14					
15					
16					
17					
18					
19					
20					
21					
22					
23					
24					
25					
26					
27					
28					
29					
30					
31					
			TOTAUX		
			ANCIEN SOLDE		
			NOUVEAU SOLDE		

MOIS : ....

	DATE	NUMERO DE PIECES	DESIGNATION	CAISSE	
				RECETTES	DEPENSES
1					
2					
3					
4					
5					
6					
7					
8					
9					
10					
11					
12					
13					
14					
15					
16					
17					
18					
19					
20					
21					
22					
23					
24					
25					
26					
27					
28					
29					
30					
31					
			TOTAUX		
			ANCIEN SOLDE		
			NOUVEAU SOLDE		

MOIS : ....

	DATE	NUMERO DE PIECES	DESIGNATION	CAISSE	
				RECETTES	DEPENSES
1					
2					
3					
4					
5					
6					
7					
8					
9					
10					
11					
12					
13					
14					
15					
16					
17					
18					
19					
20					
21					
22					
23					
24					
25					
26					
27					
28					
29					
30					
31					
			TOTAUX		
			ANCIEN SOLDE		
			NOUVEAU SOLDE		

MOIS : ....

DATE	NUMERO DE PIECES	DESIGNATION	CAISSE	
			RECETTES	DEPENSES
1				
2				
3				
4				
5				
6				
7				
8				
9				
10				
11				
12				
13				
14				
15				
16				
17				
18				
19				
20				
21				
22				
23				
24				
25				
26				
27				
28				
29				
30				
31				
		TOTAUX		
		ANCIEN SOLDE		
		NOUVEAU SOLDE		

MOIS : ....

	DATE	NUMERO DE PIECES	DESIGNATION	CAISSE	
				RECETTES	DEPENSES
1					
2					
3					
4					
5					
6					
7					
8					
9					
10					
11					
12					
13					
14					
15					
16					
17					
18					
19					
20					
21					
22					
23					
24					
25					
26					
27					
28					
29					
30					
31					
			TOTAUX		
			ANCIEN SOLDE		
			NOUVEAU SOLDE		

MOIS : ....

	DATE	NUMERO DE PIECES	DESIGNATION	CAISSE	
				RECETTES	DEPENSES
1					
2					
3					
4					
5					
6					
7					
8					
9					
10					
11					
12					
13					
14					
15					
16					
17					
18					
19					
20					
21					
22					
23					
24					
25					
26					
27					
28					
29					
30					
31					
			TOTAUX		
			ANCIEN SOLDE		
			NOUVEAU SOLDE		

MOIS : ....

	DATE	NUMERO DE PIECES	DESIGNATION	CAISSE	
				RECETTES	DEPENSES
1					
2					
3					
4					
5					
6					
7					
8					
9					
10					
11					
12					
13					
14					
15					
16					
17					
18					
19					
20					
21					
22					
23					
24					
25					
26					
27					
28					
29					
30					
31					
			TOTAUX		
			ANCIEN SOLDE		
			NOUVEAU SOLDE		

MOIS : ....

	DATE	NUMERO DE PIECES	DESIGNATION	CAISSE	
				RECETTES	DEPENSES
1					
2					
3					
4					
5					
6					
7					
8					
9					
10					
11					
12					
13					
14					
15					
16					
17					
18					
19					
20					
21					
22					
23					
24					
25					
26					
27					
28					
29					
30					
31					
			TOTAUX		
			ANCIEN SOLDE		
			NOUVEAU SOLDE		

MOIS : ....

	DATE	NUMERO DE PIECES	DESIGNATION	CAISSE	
				RECETTES	DEPENSES
1					
2					
3					
4					
5					
6					
7					
8					
9					
10					
11					
12					
13					
14					
15					
16					
17					
18					
19					
20					
21					
22					
23					
24					
25					
26					
27					
28					
29					
30					
31					
			TOTAUX		
			ANCIEN SOLDE		
			NOUVEAU SOLDE		

MOIS : ....

	DATE	NUMERO DE PIECES	DESIGNATION	CAISSE	
				RECETTES	DEPENSES
1					
2					
3					
4					
5					
6					
7					
8					
9					
10					
11					
12					
13					
14					
15					
16					
17					
18					
19					
20					
21					
22					
23					
24					
25					
26					
27					
28					
29					
30					
31					
			TOTAUX		
			ANCIEN SOLDE		
			NOUVEAU SOLDE		

MOIS : ....

	DATE	NUMERO DE PIECES	DESIGNATION	CAISSE	
				RECETTES	DEPENSES
1					
2					
3					
4					
5					
6					
7					
8					
9					
10					
11					
12					
13					
14					
15					
16					
17					
18					
19					
20					
21					
22					
23					
24					
25					
26					
27					
28					
29					
30					
31					
			TOTAUX		
			ANCIEN SOLDE		
			NOUVEAU SOLDE		

MOIS : ....

	DATE	NUMERO DE PIECES	DESIGNATION	CAISSE	
				RECETTES	DEPENSES
1					
2					
3					
4					
5					
6					
7					
8					
9					
10					
11					
12					
13					
14					
15					
16					
17					
18					
19					
20					
21					
22					
23					
24					
25					
26					
27					
28					
29					
30					
31					
			TOTAUX		
			ANCIEN SOLDE		
			NOUVEAU SOLDE		

MOIS : ....

	DATE	NUMERO DE PIECES	DESIGNATION	CAISSE	
				RECETTES	DEPENSES
1					
2					
3					
4					
5					
6					
7					
8					
9					
10					
11					
12					
13					
14					
15					
16					
17					
18					
19					
20					
21					
22					
23					
24					
25					
26					
27					
28					
29					
30					
31					
			TOTAUX		
			ANCIEN SOLDE		
			NOUVEAU SOLDE		

MOIS : ....

	DATE	NUMERO DE PIECES	DESIGNATION	CAISSE	
				RECETTES	DEPENSES
1					
2					
3					
4					
5					
6					
7					
8					
9					
10					
11					
12					
13					
14					
15					
16					
17					
18					
19					
20					
21					
22					
23					
24					
25					
26					
27					
28					
29					
30					
31					
			TOTAUX		
			ANCIEN SOLDE		
			NOUVEAU SOLDE		

MOIS : ....

	DATE	NUMERO DE PIECES	DESIGNATION	CAISSE	
				RECETTES	DEPENSES
1					
2					
3					
4					
5					
6					
7					
8					
9					
10					
11					
12					
13					
14					
15					
16					
17					
18					
19					
20					
21					
22					
23					
24					
25					
26					
27					
28					
29					
30					
31					
			TOTAUX		
			ANCIEN SOLDE		
			NOUVEAU SOLDE		

MOIS : ....

	DATE	NUMERO DE PIECES	DESIGNATION	CAISSE	
				RECETTES	DEPENSES
1					
2					
3					
4					
5					
6					
7					
8					
9					
10					
11					
12					
13					
14					
15					
16					
17					
18					
19					
20					
21					
22					
23					
24					
25					
26					
27					
28					
29					
30					
31					
			TOTAUX		
			ANCIEN SOLDE		
			NOUVEAU SOLDE		

MOIS : ....

	DATE	NUMERO DE PIECES	DESIGNATION	CAISSE	
				RECETTES	DEPENSES
1					
2					
3					
4					
5					
6					
7					
8					
9					
10					
11					
12					
13					
14					
15					
16					
17					
18					
19					
20					
21					
22					
23					
24					
25					
26					
27					
28					
29					
30					
31					
			TOTAUX		
			ANCIEN SOLDE		
			NOUVEAU SOLDE		

MOIS : ....

	DATE	NUMERO DE PIECES	DESIGNATION	CAISSE	
				RECETTES	DEPENSES
1					
2					
3					
4					
5					
6					
7					
8					
9					
10					
11					
12					
13					
14					
15					
16					
17					
18					
19					
20					
21					
22					
23					
24					
25					
26					
27					
28					
29					
30					
31					
			TOTAUX		
			ANCIEN SOLDE		
			NOUVEAU SOLDE		

MOIS : ....

	DATE	NUMERO DE PIECES	DESIGNATION	CAISSE	
				RECETTES	DEPENSES
1					
2					
3					
4					
5					
6					
7					
8					
9					
10					
11					
12					
13					
14					
15					
16					
17					
18					
19					
20					
21					
22					
23					
24					
25					
26					
27					
28					
29					
30					
31					
			TOTAUX		
			ANCIEN SOLDE		
			NOUVEAU SOLDE		

MOIS : ....

	DATE	NUMERO DE PIECES	DESIGNATION	CAISSE	
				RECETTES	DEPENSES
1					
2					
3					
4					
5					
6					
7					
8					
9					
10					
11					
12					
13					
14					
15					
16					
17					
18					
19					
20					
21					
22					
23					
24					
25					
26					
27					
28					
29					
30					
31					
			TOTAUX		
			ANCIEN SOLDE		
			NOUVEAU SOLDE		

MOIS : ....

	DATE	NUMERO DE PIECES	DESIGNATION	CAISSE	
				RECETTES	DEPENSES
1					
2					
3					
4					
5					
6					
7					
8					
9					
10					
11					
12					
13					
14					
15					
16					
17					
18					
19					
20					
21					
22					
23					
24					
25					
26					
27					
28					
29					
30					
31					
			TOTAUX		
			ANCIEN SOLDE		
			NOUVEAU SOLDE		

MOIS : ....

	DATE	NUMERO DE PIECES	DESIGNATION	CAISSE	
				RECETTES	DEPENSES
1					
2					
3					
4					
5					
6					
7					
8					
9					
10					
11					
12					
13					
14					
15					
16					
17					
18					
19					
20					
21					
22					
23					
24					
25					
26					
27					
28					
29					
30					
31					
			TOTAUX		
			ANCIEN SOLDE		
			NOUVEAU SOLDE		

MOIS : ....

	DATE	NUMERO DE PIECES	DESIGNATION	CAISSE	
				RECETTES	DEPENSES
1					
2					
3					
4					
5					
6					
7					
8					
9					
10					
11					
12					
13					
14					
15					
16					
17					
18					
19					
20					
21					
22					
23					
24					
25					
26					
27					
28					
29					
30					
31					
			TOTAUX		
			ANCIEN SOLDE		
			NOUVEAU SOLDE		

MOIS : ....

	DATE	NUMERO DE PIECES	DESIGNATION	CAISSE			
				RECETTES		DEPENSES	
1							
2							
3							
4							
5							
6							
7							
8							
9							
10							
11							
12							
13							
14							
15							
16							
17							
18							
19							
20							
21							
22							
23							
24							
25							
26							
27							
28							
29							
30							
31							
			TOTAUX				
			ANCIEN SOLDE				
			NOUVEAU SOLDE				

MOIS : ....

	DATE	NUMERO DE PIECES	DESIGNATION	CAISSE	
				RECETTES	DEPENSES
1					
2					
3					
4					
5					
6					
7					
8					
9					
10					
11					
12					
13					
14					
15					
16					
17					
18					
19					
20					
21					
22					
23					
24					
25					
26					
27					
28					
29					
30					
31					
			TOTAUX		
			ANCIEN SOLDE		
			NOUVEAU SOLDE		

MOIS : ....

	DATE	NUMERO DE PIECES	DESIGNATION	CAISSE	
				RECETTES	DEPENSES
1					
2					
3					
4					
5					
6					
7					
8					
9					
10					
11					
12					
13					
14					
15					
16					
17					
18					
19					
20					
21					
22					
23					
24					
25					
26					
27					
28					
29					
30					
31					
			TOTAUX		
			ANCIEN SOLDE		
			NOUVEAU SOLDE		

MOIS : ....

	DATE	NUMERO DE PIECES	DESIGNATION	CAISSE	
				RECETTES	DEPENSES
1					
2					
3					
4					
5					
6					
7					
8					
9					
10					
11					
12					
13					
14					
15					
16					
17					
18					
19					
20					
21					
22					
23					
24					
25					
26					
27					
28					
29					
30					
31					
			TOTAUX		
			ANCIEN SOLDE		
			NOUVEAU SOLDE		

MOIS : ....

	DATE	NUMERO DE PIECES	DESIGNATION	CAISSE	
				RECETTES	DEPENSES
1					
2					
3					
4					
5					
6					
7					
8					
9					
10					
11					
12					
13					
14					
15					
16					
17					
18					
19					
20					
21					
22					
23					
24					
25					
26					
27					
28					
29					
30					
31					
			TOTAUX		
			ANCIEN SOLDE		
			NOUVEAU SOLDE		

MOIS : ....

DATE	NUMERO DE PIECES	DESIGNATION	CAISSE	
			RECETTES	DEPENSES
1				
2				
3				
4				
5				
6				
7				
8				
9				
10				
11				
12				
13				
14				
15				
16				
17				
18				
19				
20				
21				
22				
23				
24				
25				
26				
27				
28				
29				
30				
31				
		TOTAUX		
		ANCIEN SOLDE		
		NOUVEAU SOLDE		

MOIS : ....

	DATE	NUMERO DE PIECES	DESIGNATION	CAISSE	
				RECETTES	DEPENSES
1					
2					
3					
4					
5					
6					
7					
8					
9					
10					
11					
12					
13					
14					
15					
16					
17					
18					
19					
20					
21					
22					
23					
24					
25					
26					
27					
28					
29					
30					
31					
			TOTAUX		
			ANCIEN SOLDE		
			NOUVEAU SOLDE		

MOIS : ....

	DATE	NUMERO DE PIECES	DESIGNATION	CAISSE	
				RECETTES	DEPENSES
1					
2					
3					
4					
5					
6					
7					
8					
9					
10					
11					
12					
13					
14					
15					
16					
17					
18					
19					
20					
21					
22					
23					
24					
25					
26					
27					
28					
29					
30					
31					
			TOTAUX		
			ANCIEN SOLDE		
			NOUVEAU SOLDE		

MOIS : ....

	DATE	NUMERO DE PIECES	DESIGNATION	CAISSE	
				RECETTES	DEPENSES
1					
2					
3					
4					
5					
6					
7					
8					
9					
10					
11					
12					
13					
14					
15					
16					
17					
18					
19					
20					
21					
22					
23					
24					
25					
26					
27					
28					
29					
30					
31					
			TOTAUX		
			ANCIEN SOLDE		
			NOUVEAU SOLDE		

MOIS : ....

	DATE	NUMERO DE PIECES	DESIGNATION	CAISSE	
				RECETTES	DEPENSES
1					
2					
3					
4					
5					
6					
7					
8					
9					
10					
11					
12					
13					
14					
15					
16					
17					
18					
19					
20					
21					
22					
23					
24					
25					
26					
27					
28					
29					
30					
31					
			TOTAUX		
			ANCIEN SOLDE		
			NOUVEAU SOLDE		

MOIS : ....

	DATE	NUMERO DE PIECES	DESIGNATION	CAISSE	
				RECETTES	DEPENSES
1					
2					
3					
4					
5					
6					
7					
8					
9					
10					
11					
12					
13					
14					
15					
16					
17					
18					
19					
20					
21					
22					
23					
24					
25					
26					
27					
28					
29					
30					
31					
			TOTAUX		
			ANCIEN SOLDE		
			NOUVEAU SOLDE		

MOIS : ....

	DATE	NUMERO DE PIECES	DESIGNATION	CAISSE	
				RECETTES	DEPENSES
1					
2					
3					
4					
5					
6					
7					
8					
9					
10					
11					
12					
13					
14					
15					
16					
17					
18					
19					
20					
21					
22					
23					
24					
25					
26					
27					
28					
29					
30					
31					
			TOTAUX		
			ANCIEN SOLDE		
			NOUVEAU SOLDE		

MOIS : ....

	DATE	NUMERO DE PIECES	DESIGNATION	CAISSE	
				RECETTES	DEPENSES
1					
2					
3					
4					
5					
6					
7					
8					
9					
10					
11					
12					
13					
14					
15					
16					
17					
18					
19					
20					
21					
22					
23					
24					
25					
26					
27					
28					
29					
30					
31					
			TOTAUX		
			ANCIEN SOLDE		
			NOUVEAU SOLDE		

MOIS : ....

	DATE	NUMERO DE PIECES	DESIGNATION	CAISSE	
				RECETTES	DEPENSES
1					
2					
3					
4					
5					
6					
7					
8					
9					
10					
11					
12					
13					
14					
15					
16					
17					
18					
19					
20					
21					
22					
23					
24					
25					
26					
27					
28					
29					
30					
31					
			TOTAUX		
			ANCIEN SOLDE		
			NOUVEAU SOLDE		

MOIS : ....

	DATE	NUMERO DE PIECES	DESIGNATION	CAISSE	
				RECETTES	DEPENSES
1					
2					
3					
4					
5					
6					
7					
8					
9					
10					
11					
12					
13					
14					
15					
16					
17					
18					
19					
20					
21					
22					
23					
24					
25					
26					
27					
28					
29					
30					
31					
			TOTAUX		
			ANCIEN SOLDE		
			NOUVEAU SOLDE		

MOIS : ....

	DATE	NUMERO DE PIECES	DESIGNATION	CAISSE	
				RECETTES	DEPENSES
1					
2					
3					
4					
5					
6					
7					
8					
9					
10					
11					
12					
13					
14					
15					
16					
17					
18					
19					
20					
21					
22					
23					
24					
25					
26					
27					
28					
29					
30					
31					
			TOTAUX		
			ANCIEN SOLDE		
			NOUVEAU SOLDE		

MOIS : ....

	DATE	NUMERO DE PIECES	DESIGNATION	CAISSE	
				RECETTES	DEPENSES
1					
2					
3					
4					
5					
6					
7					
8					
9					
10					
11					
12					
13					
14					
15					
16					
17					
18					
19					
20					
21					
22					
23					
24					
25					
26					
27					
28					
29					
30					
31					
			TOTAUX		
			ANCIEN SOLDE		
			NOUVEAU SOLDE		

MOIS : ....

	DATE	NUMERO DE PIECES	DESIGNATION	CAISSE	
				RECETTES	DEPENSES
1					
2					
3					
4					
5					
6					
7					
8					
9					
10					
11					
12					
13					
14					
15					
16					
17					
18					
19					
20					
21					
22					
23					
24					
25					
26					
27					
28					
29					
30					
31					
			TOTAUX		
			ANCIEN SOLDE		
			NOUVEAU SOLDE		

MOIS : ....

DATE	NUMERO DE PIECES	DESIGNATION	CAISSE	
			RECETTES	DEPENSES
1				
2				
3				
4				
5				
6				
7				
8				
9				
10				
11				
12				
13				
14				
15				
16				
17				
18				
19				
20				
21				
22				
23				
24				
25				
26				
27				
28				
29				
30				
31				
		TOTAUX		
		ANCIEN SOLDE		
		NOUVEAU SOLDE		

MOIS : ....

	DATE	NUMERO DE PIECES	DESIGNATION	CAISSE	
				RECETTES	DEPENSES
1					
2					
3					
4					
5					
6					
7					
8					
9					
10					
11					
12					
13					
14					
15					
16					
17					
18					
19					
20					
21					
22					
23					
24					
25					
26					
27					
28					
29					
30					
31					
			TOTAUX		
			ANCIEN SOLDE		
			NOUVEAU SOLDE		

MOIS : ....

	DATE	NUMERO DE PIECES	DESIGNATION	CAISSE	
				RECETTES	DEPENSES
1					
2					
3					
4					
5					
6					
7					
8					
9					
10					
11					
12					
13					
14					
15					
16					
17					
18					
19					
20					
21					
22					
23					
24					
25					
26					
27					
28					
29					
30					
31					
			TOTAUX		
			ANCIEN SOLDE		
			NOUVEAU SOLDE		

MOIS : ....

	DATE	NUMERO DE PIECES	DESIGNATION	CAISSE	
				RECETTES	DEPENSES
1					
2					
3					
4					
5					
6					
7					
8					
9					
10					
11					
12					
13					
14					
15					
16					
17					
18					
19					
20					
21					
22					
23					
24					
25					
26					
27					
28					
29					
30					
31					
			TOTAUX		
			ANCIEN SOLDE		
			NOUVEAU SOLDE		

MOIS : ....

	DATE	NUMERO DE PIECES	DESIGNATION	CAISSE	
				RECETTES	DEPENSES
1					
2					
3					
4					
5					
6					
7					
8					
9					
10					
11					
12					
13					
14					
15					
16					
17					
18					
19					
20					
21					
22					
23					
24					
25					
26					
27					
28					
29					
30					
31					
			TOTAUX		
			ANCIEN SOLDE		
			NOUVEAU SOLDE		

MOIS : ....

	DATE	NUMERO DE PIECES	DESIGNATION	CAISSE			
				RECETTES		DEPENSES	
1							
2							
3							
4							
5							
6							
7							
8							
9							
10							
11							
12							
13							
14							
15							
16							
17							
18							
19							
20							
21							
22							
23							
24							
25							
26							
27							
28							
29							
30							
31							
			TOTAUX				
			ANCIEN SOLDE				
			NOUVEAU SOLDE				

MOIS : ....

	DATE	NUMERO DE PIECES	DESIGNATION	CAISSE	
				RECETTES	DEPENSES
1					
2					
3					
4					
5					
6					
7					
8					
9					
10					
11					
12					
13					
14					
15					
16					
17					
18					
19					
20					
21					
22					
23					
24					
25					
26					
27					
28					
29					
30					
31					
			TOTAUX		
			ANCIEN SOLDE		
			NOUVEAU SOLDE		

MOIS : ....

	DATE	NUMERO DE PIECES	DESIGNATION	CAISSE	
				RECETTES	DEPENSES
1					
2					
3					
4					
5					
6					
7					
8					
9					
10					
11					
12					
13					
14					
15					
16					
17					
18					
19					
20					
21					
22					
23					
24					
25					
26					
27					
28					
29					
30					
31					
			TOTAUX		
			ANCIEN SOLDE		
			NOUVEAU SOLDE		

MOIS : ....

DATE	NUMERO DE PIECES	DESIGNATION	CAISSE	
			RECETTES	DEPENSES
1				
2				
3				
4				
5				
6				
7				
8				
9				
10				
11				
12				
13				
14				
15				
16				
17				
18				
19				
20				
21				
22				
23				
24				
25				
26				
27				
28				
29				
30				
31				
		TOTAUX		
		ANCIEN SOLDE		
		NOUVEAU SOLDE		

MOIS : ....

	DATE	NUMERO DE PIECES	DESIGNATION	CAISSE	
				RECETTES	DEPENSES
1					
2					
3					
4					
5					
6					
7					
8					
9					
10					
11					
12					
13					
14					
15					
16					
17					
18					
19					
20					
21					
22					
23					
24					
25					
26					
27					
28					
29					
30					
31					
			TOTAUX		
			ANCIEN SOLDE		
			NOUVEAU SOLDE		

MOIS : ....

	DATE	NUMERO DE PIECES	DESIGNATION	CAISSE	
				RECETTES	DEPENSES
1					
2					
3					
4					
5					
6					
7					
8					
9					
10					
11					
12					
13					
14					
15					
16					
17					
18					
19					
20					
21					
22					
23					
24					
25					
26					
27					
28					
29					
30					
31					
			TOTAUX		
			ANCIEN SOLDE		
			NOUVEAU SOLDE		

MOIS : ....

	DATE	NUMERO DE PIECES	DESIGNATION	CAISSE	
				RECETTES	DEPENSES
1					
2					
3					
4					
5					
6					
7					
8					
9					
10					
11					
12					
13					
14					
15					
16					
17					
18					
19					
20					
21					
22					
23					
24					
25					
26					
27					
28					
29					
30					
31					
			TOTAUX		
			ANCIEN SOLDE		
			NOUVEAU SOLDE		

MOIS : ....

	DATE	NUMERO DE PIECES	DESIGNATION	CAISSE	
				RECETTES	DEPENSES
1					
2					
3					
4					
5					
6					
7					
8					
9					
10					
11					
12					
13					
14					
15					
16					
17					
18					
19					
20					
21					
22					
23					
24					
25					
26					
27					
28					
29					
30					
31					
			TOTAUX		
			ANCIEN SOLDE		
			NOUVEAU SOLDE		

MOIS : ....

	DATE	NUMERO DE PIECES	DESIGNATION	CAISSE	
				RECETTES	DEPENSES
1					
2					
3					
4					
5					
6					
7					
8					
9					
10					
11					
12					
13					
14					
15					
16					
17					
18					
19					
20					
21					
22					
23					
24					
25					
26					
27					
28					
29					
30					
31					
			TOTAUX		
			ANCIEN SOLDE		
			NOUVEAU SOLDE		

MOIS : ....

DATE	NUMERO DE PIECES	DESIGNATION	CAISSE	
			RECETTES	DEPENSES
1				
2				
3				
4				
5				
6				
7				
8				
9				
10				
11				
12				
13				
14				
15				
16				
17				
18				
19				
20				
21				
22				
23				
24				
25				
26				
27				
28				
29				
30				
31				
		TOTAUX		
		ANCIEN SOLDE		
		NOUVEAU SOLDE		

MOIS : ....

	DATE	NUMERO DE PIECES	DESIGNATION	CAISSE	
				RECETTES	DEPENSES
1					
2					
3					
4					
5					
6					
7					
8					
9					
10					
11					
12					
13					
14					
15					
16					
17					
18					
19					
20					
21					
22					
23					
24					
25					
26					
27					
28					
29					
30					
31					
			TOTAUX		
			ANCIEN SOLDE		
			NOUVEAU SOLDE		

MOIS : ....

	DATE	NUMERO DE PIECES	DESIGNATION	CAISSE	
				RECETTES	DEPENSES
1					
2					
3					
4					
5					
6					
7					
8					
9					
10					
11					
12					
13					
14					
15					
16					
17					
18					
19					
20					
21					
22					
23					
24					
25					
26					
27					
28					
29					
30					
31					
			TOTAUX		
			ANCIEN SOLDE		
			NOUVEAU SOLDE		

MOIS : ....

	DATE	NUMERO DE PIECES	DESIGNATION	CAISSE	
				RECETTES	DEPENSES
1					
2					
3					
4					
5					
6					
7					
8					
9					
10					
11					
12					
13					
14					
15					
16					
17					
18					
19					
20					
21					
22					
23					
24					
25					
26					
27					
28					
29					
30					
31					
			TOTAUX		
			ANCIEN SOLDE		
			NOUVEAU SOLDE		

MOIS : ....

	DATE	NUMERO DE PIECES	DESIGNATION	CAISSE			
				RECETTES		DEPENSES	
1							
2							
3							
4							
5							
6							
7							
8							
9							
10							
11							
12							
13							
14							
15							
16							
17							
18							
19							
20							
21							
22							
23							
24							
25							
26							
27							
28							
29							
30							
31							
			TOTAUX				
			ANCIEN SOLDE				
			NOUVEAU SOLDE				

MOIS : ....

	DATE	NUMERO DE PIECES	DESIGNATION	CAISSE	
				RECETTES	DEPENSES
1					
2					
3					
4					
5					
6					
7					
8					
9					
10					
11					
12					
13					
14					
15					
16					
17					
18					
19					
20					
21					
22					
23					
24					
25					
26					
27					
28					
29					
30					
31					
			TOTAUX		
			ANCIEN SOLDE		
			NOUVEAU SOLDE		

MOIS : ....

	DATE	NUMERO DE PIECES	DESIGNATION	CAISSE	
				RECETTES	DEPENSES
1					
2					
3					
4					
5					
6					
7					
8					
9					
10					
11					
12					
13					
14					
15					
16					
17					
18					
19					
20					
21					
22					
23					
24					
25					
26					
27					
28					
29					
30					
31					
			TOTAUX		
			ANCIEN SOLDE		
			NOUVEAU SOLDE		

MOIS : ....

	DATE	NUMERO DE PIECES	DESIGNATION	CAISSE	
				RECETTES	DEPENSES
1					
2					
3					
4					
5					
6					
7					
8					
9					
10					
11					
12					
13					
14					
15					
16					
17					
18					
19					
20					
21					
22					
23					
24					
25					
26					
27					
28					
29					
30					
31					
			TOTAUX		
			ANCIEN SOLDE		
			NOUVEAU SOLDE		

MOIS : ....

	DATE	NUMERO DE PIECES	DESIGNATION	CAISSE	
				RECETTES	DEPENSES
1					
2					
3					
4					
5					
6					
7					
8					
9					
10					
11					
12					
13					
14					
15					
16					
17					
18					
19					
20					
21					
22					
23					
24					
25					
26					
27					
28					
29					
30					
31					
			TOTAUX		
			ANCIEN SOLDE		
			NOUVEAU SOLDE		

MOIS : ....

	DATE	NUMERO DE PIECES	DESIGNATION	CAISSE RECETTES	CAISSE DEPENSES
1					
2					
3					
4					
5					
6					
7					
8					
9					
10					
11					
12					
13					
14					
15					
16					
17					
18					
19					
20					
21					
22					
23					
24					
25					
26					
27					
28					
29					
30					
31					
			TOTAUX		
			ANCIEN SOLDE		
			NOUVEAU SOLDE		

MOIS : ....

	DATE	NUMERO DE PIECES	DESIGNATION	CAISSE	
				RECETTES	DEPENSES
1					
2					
3					
4					
5					
6					
7					
8					
9					
10					
11					
12					
13					
14					
15					
16					
17					
18					
19					
20					
21					
22					
23					
24					
25					
26					
27					
28					
29					
30					
31					
			TOTAUX		
			ANCIEN SOLDE		
			NOUVEAU SOLDE		

MOIS : ....

	DATE	NUMERO DE PIECES	DESIGNATION	CAISSE	
				RECETTES	DEPENSES
1					
2					
3					
4					
5					
6					
7					
8					
9					
10					
11					
12					
13					
14					
15					
16					
17					
18					
19					
20					
21					
22					
23					
24					
25					
26					
27					
28					
29					
30					
31					
			TOTAUX		
			ANCIEN SOLDE		
			NOUVEAU SOLDE		

MOIS : ....

	DATE	NUMERO DE PIECES	DESIGNATION	CAISSE	
				RECETTES	DEPENSES
1					
2					
3					
4					
5					
6					
7					
8					
9					
10					
11					
12					
13					
14					
15					
16					
17					
18					
19					
20					
21					
22					
23					
24					
25					
26					
27					
28					
29					
30					
31					
			TOTAUX		
			ANCIEN SOLDE		
			NOUVEAU SOLDE		

MOIS : ....

	DATE	NUMERO DE PIECES	DESIGNATION	CAISSE	
				RECETTES	DEPENSES
1					
2					
3					
4					
5					
6					
7					
8					
9					
10					
11					
12					
13					
14					
15					
16					
17					
18					
19					
20					
21					
22					
23					
24					
25					
26					
27					
28					
29					
30					
31					
			TOTAUX		
			ANCIEN SOLDE		
			NOUVEAU SOLDE		

MOIS : ....

	DATE	NUMERO DE PIECES	DESIGNATION	CAISSE	
				RECETTES	DEPENSES
1					
2					
3					
4					
5					
6					
7					
8					
9					
10					
11					
12					
13					
14					
15					
16					
17					
18					
19					
20					
21					
22					
23					
24					
25					
26					
27					
28					
29					
30					
31					
			TOTAUX		
			ANCIEN SOLDE		
			NOUVEAU SOLDE		

MOIS : ....

	DATE	NUMERO DE PIECES	DESIGNATION	CAISSE	
				RECETTES	DEPENSES
1					
2					
3					
4					
5					
6					
7					
8					
9					
10					
11					
12					
13					
14					
15					
16					
17					
18					
19					
20					
21					
22					
23					
24					
25					
26					
27					
28					
29					
30					
31					
			TOTAUX		
			ANCIEN SOLDE		
			NOUVEAU SOLDE		

MOIS : ....

	DATE	NUMERO DE PIECES	DESIGNATION	CAISSE	
				RECETTES	DEPENSES
1					
2					
3					
4					
5					
6					
7					
8					
9					
10					
11					
12					
13					
14					
15					
16					
17					
18					
19					
20					
21					
22					
23					
24					
25					
26					
27					
28					
29					
30					
31					
			TOTAUX		
			ANCIEN SOLDE		
			NOUVEAU SOLDE		

MOIS : ....

	DATE	NUMERO DE PIECES	DESIGNATION	CAISSE	
				RECETTES	DEPENSES
1					
2					
3					
4					
5					
6					
7					
8					
9					
10					
11					
12					
13					
14					
15					
16					
17					
18					
19					
20					
21					
22					
23					
24					
25					
26					
27					
28					
29					
30					
31					
			TOTAUX		
			ANCIEN SOLDE		
			NOUVEAU SOLDE		

MOIS : ....

DATE	NUMERO DE PIECES	DESIGNATION	CAISSE	
			RECETTES	DEPENSES
1				
2				
3				
4				
5				
6				
7				
8				
9				
10				
11				
12				
13				
14				
15				
16				
17				
18				
19				
20				
21				
22				
23				
24				
25				
26				
27				
28				
29				
30				
31				
		TOTAUX		
		ANCIEN SOLDE		
		NOUVEAU SOLDE		

MOIS : ....

	DATE	NUMERO DE PIECES	DESIGNATION	CAISSE			
				RECETTES		DEPENSES	
1							
2							
3							
4							
5							
6							
7							
8							
9							
10							
11							
12							
13							
14							
15							
16							
17							
18							
19							
20							
21							
22							
23							
24							
25							
26							
27							
28							
29							
30							
31							
			TOTAUX				
			ANCIEN SOLDE				
			NOUVEAU SOLDE				

MOIS : ....

	DATE	NUMERO DE PIECES	DESIGNATION	CAISSE			
				RECETTES		DEPENSES	
1							
2							
3							
4							
5							
6							
7							
8							
9							
10							
11							
12							
13							
14							
15							
16							
17							
18							
19							
20							
21							
22							
23							
24							
25							
26							
27							
28							
29							
30							
31							
			TOTAUX				
			ANCIEN SOLDE				
			NOUVEAU SOLDE				

MOIS : ....

	DATE	NUMERO DE PIECES	DESIGNATION	CAISSE	
				RECETTES	DEPENSES
1					
2					
3					
4					
5					
6					
7					
8					
9					
10					
11					
12					
13					
14					
15					
16					
17					
18					
19					
20					
21					
22					
23					
24					
25					
26					
27					
28					
29					
30					
31					
			TOTAUX		
			ANCIEN SOLDE		
			NOUVEAU SOLDE		

MOIS : ....

	DATE	NUMERO DE PIECES	DESIGNATION	CAISSE	
				RECETTES	DEPENSES
1					
2					
3					
4					
5					
6					
7					
8					
9					
10					
11					
12					
13					
14					
15					
16					
17					
18					
19					
20					
21					
22					
23					
24					
25					
26					
27					
28					
29					
30					
31					
			TOTAUX		
			ANCIEN SOLDE		
			NOUVEAU SOLDE		

MOIS : ....

	DATE	NUMERO DE PIECES	DESIGNATION	CAISSE	
				RECETTES	DEPENSES
1					
2					
3					
4					
5					
6					
7					
8					
9					
10					
11					
12					
13					
14					
15					
16					
17					
18					
19					
20					
21					
22					
23					
24					
25					
26					
27					
28					
29					
30					
31					
			TOTAUX		
			ANCIEN SOLDE		
			NOUVEAU SOLDE		

MOIS : ....

	DATE	NUMERO DE PIECES	DESIGNATION	CAISSE			
				RECETTES		DEPENSES	
1							
2							
3							
4							
5							
6							
7							
8							
9							
10							
11							
12							
13							
14							
15							
16							
17							
18							
19							
20							
21							
22							
23							
24							
25							
26							
27							
28							
29							
30							
31							
			TOTAUX				
			ANCIEN SOLDE				
			NOUVEAU SOLDE				

MOIS : ....

	DATE	NUMERO DE PIECES	DESIGNATION	CAISSE	
				RECETTES	DEPENSES
1					
2					
3					
4					
5					
6					
7					
8					
9					
10					
11					
12					
13					
14					
15					
16					
17					
18					
19					
20					
21					
22					
23					
24					
25					
26					
27					
28					
29					
30					
31					
			TOTAUX		
			ANCIEN SOLDE		
			NOUVEAU SOLDE		

MOIS : ....

	DATE	NUMERO DE PIECES	DESIGNATION	CAISSE	
				RECETTES	DEPENSES
1					
2					
3					
4					
5					
6					
7					
8					
9					
10					
11					
12					
13					
14					
15					
16					
17					
18					
19					
20					
21					
22					
23					
24					
25					
26					
27					
28					
29					
30					
31					
			TOTAUX		
			ANCIEN SOLDE		
			NOUVEAU SOLDE		

MOIS : ....

	DATE	NUMERO DE PIECES	DESIGNATION	CAISSE	
				RECETTES	DEPENSES
1					
2					
3					
4					
5					
6					
7					
8					
9					
10					
11					
12					
13					
14					
15					
16					
17					
18					
19					
20					
21					
22					
23					
24					
25					
26					
27					
28					
29					
30					
31					
			TOTAUX		
			ANCIEN SOLDE		
			NOUVEAU SOLDE		

MOIS : ....

	DATE	NUMERO DE PIECES	DESIGNATION	CAISSE	
				RECETTES	DEPENSES
1					
2					
3					
4					
5					
6					
7					
8					
9					
10					
11					
12					
13					
14					
15					
16					
17					
18					
19					
20					
21					
22					
23					
24					
25					
26					
27					
28					
29					
30					
31					
			TOTAUX		
			ANCIEN SOLDE		
			NOUVEAU SOLDE		

MOIS : ....

	DATE	NUMERO DE PIECES	DESIGNATION	CAISSE	
				RECETTES	DEPENSES
1					
2					
3					
4					
5					
6					
7					
8					
9					
10					
11					
12					
13					
14					
15					
16					
17					
18					
19					
20					
21					
22					
23					
24					
25					
26					
27					
28					
29					
30					
31					
			TOTAUX		
			ANCIEN SOLDE		
			NOUVEAU SOLDE		

MOIS : ....

	DATE	NUMERO DE PIECES	DESIGNATION	CAISSE	
				RECETTES	DEPENSES
1					
2					
3					
4					
5					
6					
7					
8					
9					
10					
11					
12					
13					
14					
15					
16					
17					
18					
19					
20					
21					
22					
23					
24					
25					
26					
27					
28					
29					
30					
31					
			TOTAUX		
			ANCIEN SOLDE		
			NOUVEAU SOLDE		

MOIS : ....

	DATE	NUMERO DE PIECES	DESIGNATION	CAISSE	
				RECETTES	DEPENSES
1					
2					
3					
4					
5					
6					
7					
8					
9					
10					
11					
12					
13					
14					
15					
16					
17					
18					
19					
20					
21					
22					
23					
24					
25					
26					
27					
28					
29					
30					
31					
			TOTAUX		
			ANCIEN SOLDE		
			NOUVEAU SOLDE		

MOIS : ....

	DATE	NUMERO DE PIECES	DESIGNATION	CAISSE	
				RECETTES	DEPENSES
1					
2					
3					
4					
5					
6					
7					
8					
9					
10					
11					
12					
13					
14					
15					
16					
17					
18					
19					
20					
21					
22					
23					
24					
25					
26					
27					
28					
29					
30					
31					
			TOTAUX		
			ANCIEN SOLDE		
			NOUVEAU SOLDE		

MOIS : ....

	DATE	NUMERO DE PIECES	DESIGNATION	CAISSE	
				RECETTES	DEPENSES
1					
2					
3					
4					
5					
6					
7					
8					
9					
10					
11					
12					
13					
14					
15					
16					
17					
18					
19					
20					
21					
22					
23					
24					
25					
26					
27					
28					
29					
30					
31					
			TOTAUX		
			ANCIEN SOLDE		
			NOUVEAU SOLDE		

MOIS : ....

	DATE	NUMERO DE PIECES	DESIGNATION	CAISSE	
				RECETTES	DEPENSES
1					
2					
3					
4					
5					
6					
7					
8					
9					
10					
11					
12					
13					
14					
15					
16					
17					
18					
19					
20					
21					
22					
23					
24					
25					
26					
27					
28					
29					
30					
31					
			TOTAUX		
			ANCIEN SOLDE		
			NOUVEAU SOLDE		

MOIS : ....

	DATE	NUMERO DE PIECES	DESIGNATION	CAISSE	
				RECETTES	DEPENSES
1					
2					
3					
4					
5					
6					
7					
8					
9					
10					
11					
12					
13					
14					
15					
16					
17					
18					
19					
20					
21					
22					
23					
24					
25					
26					
27					
28					
29					
30					
31					
			TOTAUX		
			ANCIEN SOLDE		
			NOUVEAU SOLDE		

MOIS : ....

	DATE	NUMERO DE PIECES	DESIGNATION	CAISSE	
				RECETTES	DEPENSES
1					
2					
3					
4					
5					
6					
7					
8					
9					
10					
11					
12					
13					
14					
15					
16					
17					
18					
19					
20					
21					
22					
23					
24					
25					
26					
27					
28					
29					
30					
31					
			TOTAUX		
			ANCIEN SOLDE		
			NOUVEAU SOLDE		

MOIS : ....

	DATE	NUMERO DE PIECES	DESIGNATION	CAISSE	
				RECETTES	DEPENSES
1					
2					
3					
4					
5					
6					
7					
8					
9					
10					
11					
12					
13					
14					
15					
16					
17					
18					
19					
20					
21					
22					
23					
24					
25					
26					
27					
28					
29					
30					
31					
			TOTAUX		
			ANCIEN SOLDE		
			NOUVEAU SOLDE		

MOIS : ....

	DATE	NUMERO DE PIECES	DESIGNATION	CAISSE	
				RECETTES	DEPENSES
1					
2					
3					
4					
5					
6					
7					
8					
9					
10					
11					
12					
13					
14					
15					
16					
17					
18					
19					
20					
21					
22					
23					
24					
25					
26					
27					
28					
29					
30					
31					
			TOTAUX		
			ANCIEN SOLDE		
			NOUVEAU SOLDE		

MOIS : ....

	DATE	NUMERO DE PIECES	DESIGNATION	CAISSE	
				RECETTES	DEPENSES
1					
2					
3					
4					
5					
6					
7					
8					
9					
10					
11					
12					
13					
14					
15					
16					
17					
18					
19					
20					
21					
22					
23					
24					
25					
26					
27					
28					
29					
30					
31					
			TOTAUX		
			ANCIEN SOLDE		
			NOUVEAU SOLDE		

MOIS : ....

	DATE	NUMERO DE PIECES	DESIGNATION	CAISSE	
				RECETTES	DEPENSES
1					
2					
3					
4					
5					
6					
7					
8					
9					
10					
11					
12					
13					
14					
15					
16					
17					
18					
19					
20					
21					
22					
23					
24					
25					
26					
27					
28					
29					
30					
31					
			TOTAUX		
			ANCIEN SOLDE		
			NOUVEAU SOLDE		

MOIS : ....

	DATE	NUMERO DE PIECES	DESIGNATION	CAISSE	
				RECETTES	DEPENSES
1					
2					
3					
4					
5					
6					
7					
8					
9					
10					
11					
12					
13					
14					
15					
16					
17					
18					
19					
20					
21					
22					
23					
24					
25					
26					
27					
28					
29					
30					
31					
			TOTAUX		
			ANCIEN SOLDE		
			NOUVEAU SOLDE		

MOIS : ....

	DATE	NUMERO DE PIECES	DESIGNATION	CAISSE	
				RECETTES	DEPENSES
1					
2					
3					
4					
5					
6					
7					
8					
9					
10					
11					
12					
13					
14					
15					
16					
17					
18					
19					
20					
21					
22					
23					
24					
25					
26					
27					
28					
29					
30					
31					
			TOTAUX		
			ANCIEN SOLDE		
			NOUVEAU SOLDE		

MOIS : ....

	DATE	NUMERO DE PIECES	DESIGNATION	CAISSE	
				RECETTES	DEPENSES
1					
2					
3					
4					
5					
6					
7					
8					
9					
10					
11					
12					
13					
14					
15					
16					
17					
18					
19					
20					
21					
22					
23					
24					
25					
26					
27					
28					
29					
30					
31					
			TOTAUX		
			ANCIEN SOLDE		
			NOUVEAU SOLDE		

MOIS : ....

	DATE	NUMERO DE PIECES	DESIGNATION	CAISSE	
				RECETTES	DEPENSES
1					
2					
3					
4					
5					
6					
7					
8					
9					
10					
11					
12					
13					
14					
15					
16					
17					
18					
19					
20					
21					
22					
23					
24					
25					
26					
27					
28					
29					
30					
31					
			TOTAUX		
			ANCIEN SOLDE		
			NOUVEAU SOLDE		

MOIS : ....

	DATE	NUMERO DE PIECES	DESIGNATION	CAISSE	
				RECETTES	DEPENSES
1					
2					
3					
4					
5					
6					
7					
8					
9					
10					
11					
12					
13					
14					
15					
16					
17					
18					
19					
20					
21					
22					
23					
24					
25					
26					
27					
28					
29					
30					
31					
			TOTAUX		
			ANCIEN SOLDE		
			NOUVEAU SOLDE		

MOIS : ....

DATE	NUMERO DE PIECES	DESIGNATION	CAISSE	
			RECETTES	DEPENSES
1				
2				
3				
4				
5				
6				
7				
8				
9				
10				
11				
12				
13				
14				
15				
16				
17				
18				
19				
20				
21				
22				
23				
24				
25				
26				
27				
28				
29				
30				
31				
		TOTAUX		
		ANCIEN SOLDE		
		NOUVEAU SOLDE		

MOIS : ....

	DATE	NUMERO DE PIECES	DESIGNATION	CAISSE	
				RECETTES	DEPENSES
1					
2					
3					
4					
5					
6					
7					
8					
9					
10					
11					
12					
13					
14					
15					
16					
17					
18					
19					
20					
21					
22					
23					
24					
25					
26					
27					
28					
29					
30					
31					
			TOTAUX		
			ANCIEN SOLDE		
			NOUVEAU SOLDE		

MOIS : ....

	DATE	NUMERO DE PIECES	DESIGNATION	CAISSE	
				RECETTES	DEPENSES
1					
2					
3					
4					
5					
6					
7					
8					
9					
10					
11					
12					
13					
14					
15					
16					
17					
18					
19					
20					
21					
22					
23					
24					
25					
26					
27					
28					
29					
30					
31					
			TOTAUX		
			ANCIEN SOLDE		
			NOUVEAU SOLDE		

MOIS : ....

	DATE	NUMERO DE PIECES	DESIGNATION	CAISSE	
				RECETTES	DEPENSES
1					
2					
3					
4					
5					
6					
7					
8					
9					
10					
11					
12					
13					
14					
15					
16					
17					
18					
19					
20					
21					
22					
23					
24					
25					
26					
27					
28					
29					
30					
31					
			TOTAUX		
			ANCIEN SOLDE		
			NOUVEAU SOLDE		

MOIS : ....

	DATE	NUMERO DE PIECES	DESIGNATION	CAISSE	
				RECETTES	DEPENSES
1					
2					
3					
4					
5					
6					
7					
8					
9					
10					
11					
12					
13					
14					
15					
16					
17					
18					
19					
20					
21					
22					
23					
24					
25					
26					
27					
28					
29					
30					
31					
			TOTAUX		
			ANCIEN SOLDE		
			NOUVEAU SOLDE		

MOIS : ....

	DATE	NUMERO DE PIECES	DESIGNATION	CAISSE	
				RECETTES	DEPENSES
1					
2					
3					
4					
5					
6					
7					
8					
9					
10					
11					
12					
13					
14					
15					
16					
17					
18					
19					
20					
21					
22					
23					
24					
25					
26					
27					
28					
29					
30					
31					
			TOTAUX		
			ANCIEN SOLDE		
			NOUVEAU SOLDE		

MOIS : ....

	DATE	NUMERO DE PIECES	DESIGNATION	CAISSE			
				RECETTES		DEPENSES	
1							
2							
3							
4							
5							
6							
7							
8							
9							
10							
11							
12							
13							
14							
15							
16							
17							
18							
19							
20							
21							
22							
23							
24							
25							
26							
27							
28							
29							
30							
31							
			TOTAUX				
			ANCIEN SOLDE				
			NOUVEAU SOLDE				

MOIS : ....

	DATE	NUMERO DE PIECES	DESIGNATION	CAISSE	
				RECETTES	DEPENSES
1					
2					
3					
4					
5					
6					
7					
8					
9					
10					
11					
12					
13					
14					
15					
16					
17					
18					
19					
20					
21					
22					
23					
24					
25					
26					
27					
28					
29					
30					
31					
			TOTAUX		
			ANCIEN SOLDE		
			NOUVEAU SOLDE		

MOIS : ....

	DATE	NUMERO DE PIECES	DESIGNATION	CAISSE	
				RECETTES	DEPENSES
1					
2					
3					
4					
5					
6					
7					
8					
9					
10					
11					
12					
13					
14					
15					
16					
17					
18					
19					
20					
21					
22					
23					
24					
25					
26					
27					
28					
29					
30					
31					
			TOTAUX		
			ANCIEN SOLDE		
			NOUVEAU SOLDE		

MOIS : ....

	DATE	NUMERO DE PIECES	DESIGNATION	CAISSE	
				RECETTES	DEPENSES
1					
2					
3					
4					
5					
6					
7					
8					
9					
10					
11					
12					
13					
14					
15					
16					
17					
18					
19					
20					
21					
22					
23					
24					
25					
26					
27					
28					
29					
30					
31					
			TOTAUX		
			ANCIEN SOLDE		
			NOUVEAU SOLDE		

MOIS : ....

	DATE	NUMERO DE PIECES	DESIGNATION	CAISSE	
				RECETTES	DEPENSES
1					
2					
3					
4					
5					
6					
7					
8					
9					
10					
11					
12					
13					
14					
15					
16					
17					
18					
19					
20					
21					
22					
23					
24					
25					
26					
27					
28					
29					
30					
31					
			TOTAUX		
			ANCIEN SOLDE		
			NOUVEAU SOLDE		

MOIS : ....

	DATE	NUMERO DE PIECES	DESIGNATION	CAISSE			
				RECETTES		DEPENSES	
1							
2							
3							
4							
5							
6							
7							
8							
9							
10							
11							
12							
13							
14							
15							
16							
17							
18							
19							
20							
21							
22							
23							
24							
25							
26							
27							
28							
29							
30							
31							
			TOTAUX				
			ANCIEN SOLDE				
			NOUVEAU SOLDE				

MOIS : ....

	DATE	NUMERO DE PIECES	DESIGNATION	CAISSE	
				RECETTES	DEPENSES
1					
2					
3					
4					
5					
6					
7					
8					
9					
10					
11					
12					
13					
14					
15					
16					
17					
18					
19					
20					
21					
22					
23					
24					
25					
26					
27					
28					
29					
30					
31					
			TOTAUX		
			ANCIEN SOLDE		
			NOUVEAU SOLDE		

MOIS : ....

	DATE	NUMERO DE PIECES	DESIGNATION	CAISSE	
				RECETTES	DEPENSES
1					
2					
3					
4					
5					
6					
7					
8					
9					
10					
11					
12					
13					
14					
15					
16					
17					
18					
19					
20					
21					
22					
23					
24					
25					
26					
27					
28					
29					
30					
31					
			TOTAUX		
			ANCIEN SOLDE		
			NOUVEAU SOLDE		

www.ingramcontent.com/pod-product-compliance
Lightning Source LLC
Chambersburg PA
CBHW060420220526
45465CB00008B/2959
* 9 7 9 8 6 1 1 7 7 8 0 1 2 *